はじめに

本書は、1枚ずつきれいに切り離して使える
レターブックです。柴田ケイコさんの
かわいくてユーモラスなイラストを100柄収録。
便箋としてはもちろん、切ったり貼ったりして
ラッピングやオーナメントに使用したり、
額に入れて飾ったりして、アイデア次第で
さまざまに楽しめる1冊です。

使用上の注意

・ページをしっかり開き、紙をゆっくり引っ張ると、よりきれいに剥がれます。
また、製本には十分配慮しておりますが、紙を剥がしやすくする仕様上、
繰り返し開閉することで、本体から紙が剥がれる場合がございます。
・ご使用の筆記用具によっては、インクがにじんだり、乾きにくかったりする
場合がございます。

柴田ケイコ
Keiko Shibata

高知県出身。書籍・広告・雑貨など、幅広いジャンルで活動
している。絵本作品に『とびません。』『なまけていません。』
『うごきません。』『おにゃけ』『でんにゃ』（パイ インターナショ
ナル）、「パンどろぼう」シリーズ（KADOKAWA）、「しろく
ま」シリーズ（PHP研究所）、「ぽめちゃん」シリーズ（白泉社）、
「めがねこ」シリーズ（手紙社）、『ぱぱんがパン』（アリス館）、
「パンダのおさじ」シリーズ（ポプラ社）など。
http://www.shibata-illust.com/

100枚レターブックの楽しみ方

額に入れて、飾ってみましょう。

ラッピングペーパーにもぴったり。

封筒やぽち袋としても使えます。

貼り合わせて、ブックカバーにも。

作品紹介

ねこ

おなじみの「めがねこ」はもちろん、どこかなつかしさを感じさせるかわいいねこたちを集めました。

しろくま

食べもののなかに入ってみたり、自然のなかでのんびりくつろいだりするしろくまたちがうらやましい！

動物

ハシビロコウやアザラシ、アルパカなど、どの動物もとってもキュート。風に吹かれる動物たちのユーモラスな表情にも注目してください。

パン

パンがふかふかのベッドになったり、のりものになったり、傘になったり……。パンが大好きな柴田さんの想像力がすばらしい！

風景

のどかな牧場、色とりどりのお花畑、きれいな湖など、思わずうっとりするような風景に癒されてください。

女の子

おしゃれでかわいい女の子たち。花柄のワンピースやバレエのチュチュ、民族衣装が素敵です。

キャラクター

見たことのないようなユニークなキャラクターたちがいっぱい！

絵本紹介

本書で収録している絵本をご紹介します。
ぜひ絵本もあわせてお楽しみください。

「ぽめちゃん」シリーズ （白泉社）

P73-74, 83-84, 101-102
©Keiko Shibata／Hakusensha

「パンダのおさじ」シリーズ （ポプラ社）

P77-78, 93-94　©柴田ケイコ／ポプラ社

「めがねこ」シリーズ （手紙社）

P27-28　©Keiko Shibata／Tegamisha

「パンどろぼう」シリーズ （KADOKAWA）

P75-76, 79-80, 95-98　©Keiko Shibata／KADOKAWA

『おにゃけ』『でんにゃ』
『うごきません。』『なまけていません。』
『とびません。』（パイ インターナショナル）

©Keiko Shibata／PIE International

 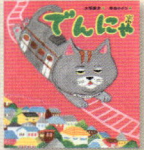   

P81-82, 85-92, 99-100

柴田ケイコ 100枚レターブック

2024年 12月 7日　初版第1刷発行
2026年 1月 7日　　　第4刷発行

イラスト　柴田ケイコ
デザイン　佐藤美穂
編　　集　池田真純

発 行 人　三芳寛要
発 行 元　株式会社パイ インターナショナル
〒170-0005　東京都豊島区南大塚2-32-4
TEL：03-3944-3981　FAX：03-5395-4830
sales@pie.co.jp

プリンティングディレクション　池浦宏治
印刷・製本　TOPPANクロレ株式会社

©2024 Keiko Shibata / PIE International
ISBN 978-4-7562-5928-8 C0070
Printed in Japan

本書の収録内容の無断転載・複写・複製等を禁じます。
ご注文・乱丁・落丁本の交換等に関するお問い合わせは、
小社までご連絡ください。
著作物の利用に関するお問い合わせはこちらをご覧ください。
https://pie.co.jp/contact

「100枚レターブック」は
株式会社パイ インターナショナルの
登録商標です。[登録商標第5921106号]

「100枚レターブック」特設
サイトでレターブックの取扱店
舗一覧、使い方を紹介した連
載などをご覧いただけます。
最新情報をお届けするメルマ
ガもぜひご登録ください。

Keiko Shibata's
100 Writing & Crafting Papers

©2024　Shibata Keiko / PIE International
All rights reserved. No part of this
publication may be reproduced, stored in
a retrieval system, or transmitted in any
form or by any means, graphic, electronic
or mechanical, including photocopying
and recording, or otherwise, without
prior permission in writing from the
publisher.

PIE International Inc.
2-32-4 Minami-Otsuka, Toshima-ku,
Tokyo　170-0005 JAPAN
international@pie.co.jp
www.pie.co.jp/english

ISBN978-4-7562-5968-4
(Outside Japan)
Printed in Japan

To.

From.

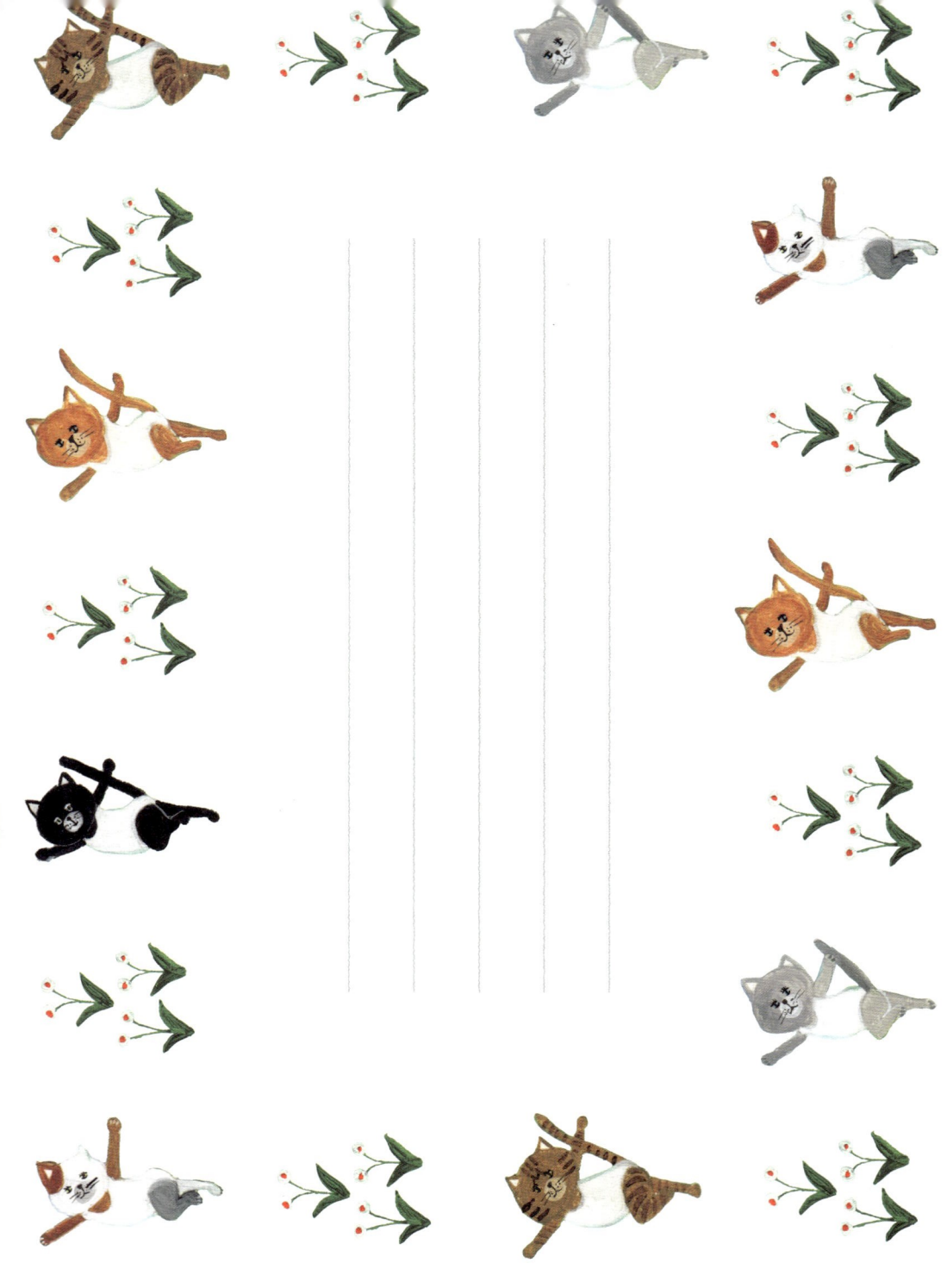

To.

From.

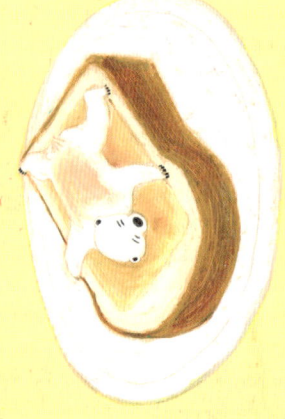

of obe

©柴田ケイコ／ポプラ社

©Keiko Shibata／KADOKAWA

©Keiko Shibata／PIE International

To. _____

From. _____

To.
_____

From.
_____

Marchands d'armes et partage du monde

_____

_____

_____

_____

_____

_____

_____

_____

_____

_____

_____

_____

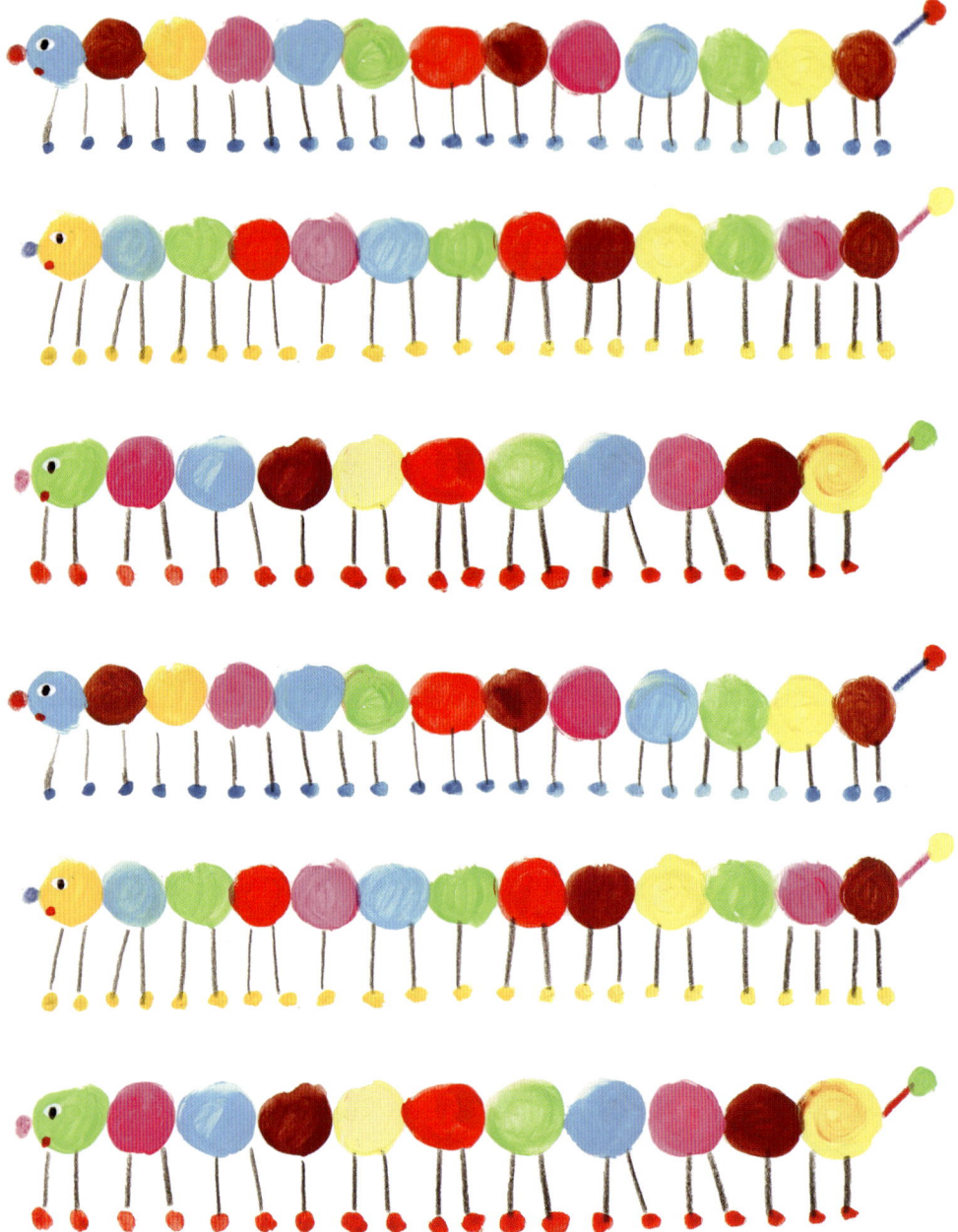

_____
_____
_____
_____
_____
_____
_____
_____
_____
_____